Introdução à Teosofia

C. W. LEADBEATER

Introdução à Teosofia

Tradução
Edvaldo Batista de Souza

Editora Teosófica
Brasília-DF

An Outline of Theosophy
Theosophical Publishing House,
Adyar, Chennai, Índia.

Introdução à Teosofia
C. W. Leadbeater

EDITORA TEOSÓFICA
SIG - Quadra 6 - Nº1235
70.610-460, Brasília-DF - Brasil
Tel.: (61) 3322-7843
E-mail: editorateosofica@editorateosofica.com.br
Site: www.editorateosofica.com.br

Capa, projeto gráfico
e diagramação:
Usha Velasco

INTRODUÇÃO À TEOSOFIA
L 433 C. W. Leadbeater

Brasília, 2010
ISBN 85-8596184-8

CDD 212

Este livro traz uma introdução valiosa à filosofia teosófica. Está convenientemente dividido em capítulos sobre tópicos importantes, o que facilita a consulta. Oferece aos iniciantes uma base útil para seus estudos, com uma estrutura proveitosa àqueles que estão tendo aulas introdutórias sobre os ensinamentos teosóficos.

SUMÁRIO

I

INTRODUÇÃO

O Que é a Teosofia

Por muitos anos os homens têm discutido, arguido, inquirido sobre certas grandes verdades básicas: a existência e a natureza de Deus, a Sua relação com o homem, o passado e o futuro da humanidade. Eles têm discordado de forma tão radical sobre esses assuntos, e tão severamente têm sido atacados e ridicularizados quanto às suas crenças, que chegou a se criar uma firme opinião popular de que, com referência a esses tópicos, não há certeza disponível – nada a não ser uma vaga especulação em meio a uma nuvem de deduções sem fundamentos extraídas de premissas mal-estabelecidas. E isso apesar das afirmações muito bem definidas, embora frequentemente incríveis, feitas sobre esses assuntos em favor das várias religiões.

Essa opinião popular, ainda que seja imprópria nessas circunstâncias, é inteiramente falsa. Existem muitos fatos definitivos disponíveis. A Teosofia nos fornece esses fatos;

porém não como o fazem as religiões, apresentando-os como matéria de fé, mas sim trazendo-os como material para estudo. Ela não é em si uma religião, mas mantém com respeito às religiões a mesma relação que as filosofias antigas mantinham. Não as contradiz, e sim as explica.

A Teosofia rejeita o que quer que nessas filosofias seja absurdo, como sendo algo depreciativo e não necessariamente digno da Divindade; reúne o que quer que seja razoável em cada uma e em todas elas, explica e enfatiza, e assim combina tudo em um todo harmônico.

Ela sustenta que a verdade sobre todos esses pontos de suma importância é atingível – e que já existe uma grande gama de conhecimento sobre eles. Considera todas as várias religiões como declarações daquela verdade oriunda de diferentes pontos de vista; uma vez que, embora diferindo muito quanto à nomenclatura e quanto aos artigos de fé, todas concordam quanto aos únicos assuntos que são de real importância – o tipo de vida que um homem bom deve levar, as qualidades que deve desenvolver, os vícios que deve evitar. Sobre esses pontos práticos o ensinamento é idêntico no Hinduísmo e no Budismo, no Zoroastrianismo e no Islamismo, no Judaísmo e no Cristianismo.

A Teosofia pode ser descrita para o mundo exterior como uma teoria inteligente do universo. Todavia, para aqueles que a têm estudado, ela não é uma teoria, mas um fato; pois é uma ciência definida, passível de ser estudada, e os seus ensinamentos são verificáveis pela investigação e experimentação por aqueles desejosos de se dar o trabalho de qualificarem-se para tal investigação. É uma declaração dos grandes fatos da natureza até onde são conhecidos – um esboço do esquema do nosso canto do universo.

Como a Teosofia é Conhecida

Pode-se perguntar como esse esquema se tornou conhecido e por quem foi descoberto. Mas, na realidade, ele sempre foi conhecido pela humanidade, embora às vezes tenha sido temporariamente esquecido em certas partes do mundo. Sempre existiu um certo grupo de homens altamente desenvolvidos, não de uma nação em particular, mas de várias nações, que detinham essa verdade em sua totalidade; e sempre houve discípulos desses homens, que estiveram especialmente estudando a Verdade, enquanto os seus vastos princípios sempre foram conhecidos no mundo externo. Esse grupo de homens altamente desenvolvidos existe tanto agora quanto no passado, e o ensinamento teosófico é publicado no Ocidente por inspiração desses seres, através de uns poucos discípulos.

Aqueles que ignoram isso têm insistido, às vezes clamorosamente, que, se assim é, essas verdades deveriam ter sido publicadas há muito tempo; e de maneira bastante injusta acusam aqueles que possuem tal conhecimento de serem excessivamente reservados, sonegando-o ao mundo em geral. Eles se esquecem de que todos os que realmente buscaram essas verdades sempre foram capazes de as encontrar, e que é somente agora que nós no Ocidente estamos verdadeiramente começando a procurá-las. Por muitos séculos a maior parte da Europa esteve satisfeita em viver na superstição mais grosseira; e quando uma reação finalmente se estabeleceu devido ao absurdo e fanatismo dessas crenças, fez surgir um período de ateísmo que foi igualmente vaidoso e intolerante, em outra direção. De modo que somente agora é que algumas das pessoas mais humildes e moderadas estão começando a admitir que nada conhecem, e a indagar se não existe informação real disponível em algum lugar.

Embora esses indagadores moderados não sejam por enquanto nada além de uma minoria, a Sociedade Teosófica foi fundada para atraí-los e mantê-los juntos, e os seus livros são colocados para o público, para que aqueles que desejam possam ler, anotar, aprender e internamente digerir essas grandes verdades. A sua missão não é forçar seus ensinamentos a mentes relutantes, mas simplesmente oferecê-los para que aqueles que os desejam possam obtê-los. Nós não estamos de modo algum sob a ilusão do fanático religioso arrogante que ousa condenar a uma eternidade de sofrimentos todo aquele que não pronunciar sua pequenina senha provinciana; estamos perfeitamente cientes de que tudo no fim estará bem para aqueles que ainda não podem ver seu caminho para aceitar a verdade, como também para aqueles que a recebem com avidez. Mas o conhecimento dessa verdade tornou a vida para nós e para milhares de outros mais fácil de suportar, e a morte mais fácil de enfrentar. E é apenas o desejo de partilhar esses benefícios com nossos irmãos que faz com que nos devotemos a escrever e dar palestras sobre esses assuntos.

Os amplos esboços das grandes verdades têm sido vastamente conhecidos no mundo há milhares de anos, e também o são hoje em dia. Apenas nós no Ocidente, com nossa incrível auto-suficiência, é que temos permanecido ignorantes dessas verdades, zombando de qualquer fragmento delas que possa ter chegado até nós. Como no caso de qualquer outra ciência, também nessa ciência da alma os detalhes completos são conhecidos apenas por aqueles que devotam suas vidas à sua procura. Os homens que a conhecem a fundo – aqueles que são chamados de Adeptos – pacientemente desenvolveram dentro de si os poderes necessários para a perfeita observação. Pois a esse respeito há uma diferença entre os métodos de investigação oculta e os das formas mais modernas de ciência; os últimos devotam toda sua energia ao aperfeiçoamento de seus instrumentos, enquanto os primeiros visam preferencialmente o desenvolvimento do observador.

O Método de Observação

O detalhe desse desenvolvimento tomaria mais espaço do que lhe pode ser dedicado num manual preliminar como este. O esquema inteiro poderá ser encontrado com explicações completas em outras obras teosóficas;[1] por enquanto basta dizer que é inteiramente uma questão de vibração. Toda informação que chega ao homem vinda do mundo exterior alcança-o por meio de vibração de algum tipo, quer seja pelo sentido da visão, da audição ou do tato. Consequentemente, se um homem puder tornar-se sensível a vibrações adicionais, ele adquirirá informação adicional; ele irá tornar-se o que é comumente chamado clarividente.

Esta palavra, como é comumente usada, significa nada mais que uma leve extensão da visão normal; mas é possível para um homem tornar-se mais e mais sensitivo às vi-

---

[1] Ver *A Sabedoria Antiga*, de Annie Besant, Ed. Teosófica, 2004. (Nota da edição brasileira)

brações mais sutis até que sua consciência, agindo através de muitas faculdades despertas, funcione livremente em novos e mais elevados caminhos. Ele então encontrará novos mundos de matéria mais sutil abrindo-se diante dele, embora na realidade sejam eles apenas porções novas do mundo que ele já conhece. Desse modo ele aprende que existe um vasto universo invisível à sua volta durante toda a sua vida, e que o está afetando constantemente de muitas maneiras, embora ele permaneça cegamente inconsciente do fato. Mas quando desenvolve faculdades através das quais pode sentir esses outros mundos, torna-se possível para ele observá-los cientificamente, repetir suas observações muitas vezes, compará-las com as dos outros, organizá-las e tirar deduções a partir delas.

Tudo isso tem sido feito – não uma vez, mas milhares de vezes. Os Adeptos sobre os quais falei têm assim agido até o grau mais elevado possível, mas muitos esforços nessa mesma direção têm sido envidados pelos nossos estudantes teosóficos. O resultado de nossas investigações tem sido não apenas verificar muitas das informações que nos foram passadas no começo por esses Adeptos, mas também explicá-las e ampliá-las consideravelmente.

A visão dessa porção geralmente invisível do nosso mundo traz de imediato ao nosso conhecimento um vasto conjunto de fatos inteiramente novos que são do mais profundo interesse. Gradualmente ele soluciona para nós muitos dos mais difíceis problemas da vida; esclarece muitos mistérios, de modo que agora os vemos como tendo sido mistérios para nós, por tanto tempo, apenas porque até aqui víamos uma parte bem pequena dos fatos, porque olhávamos de baixo, para os vários assuntos, como fragmentos isolados e desconectados, em vez de nos elevarmos acima deles até um ponto de observação de onde eles apresentam-se como partes compreensíveis de um poderoso todo. Isso de imediato soluciona muitas questões que foram bastante discutidas, como, por exemplo, a da existência contínua do homem após a morte. Fornece-nos a verdadeira explanação de todas as afirmações totalmente impossíveis feitas pelas igrejas a respeito do céu, inferno e purgatório; dissipa nossa ignorância e remove nosso temor do desconhecido, trazendo-nos um esquema racional e metódico.

II

Princípios Gerais

É meu desejo tornar esta explicação sobre a Teosofia tão clara e prontamente compreensível quanto possível; por essa razão, a cada momento, darei apenas princípios gerais, remetendo aqueles que desejam informações mais detalhadas a livros mais específicos. Apresento, ao final de cada capítulo, uma lista de tais livros, que devem ser consultados por aqueles que desejam aprofundar-se nesse sistema tão fascinante.

Começarei com uma declaração das mais surpreendentes dos princípios gerais que emergem como resultado do estudo teosófico. Alguns poderão encontrar aqui assuntos que considerarão incríveis, ou então completamente contrários a suas ideias preconcebidas. Se assim for, gostaria de lembrá-los que eu não estou apresentando isso como teoria – como especulação metafísica ou uma piedosa opinião própria – mas como fato científico definido, provado e examinado muitas e muitas vezes, não apenas por mim mesmo, mas também por muitos outros.

Além disso, afirmo que é um fato que pode ser verificado em primeira mão por qualquer pessoa que esteja desejosa de devotar tempo e trabalho necessários para capacitar-se a essa investigação. Não estou oferecendo ao leitor um credo, para ser engolido como uma pílula; estou tentando colocar diante dele um sistema para estudo, e acima de tudo uma vida para viver. Não lhe peço fé cega; apenas lhe sugiro a consideração do ensinamento teosófico como uma hipótese, embora para mim não seja hipótese e sim um fato vivo.

Se ele achar esse sistema mais satisfatório do que outros que lhe foram apresentados, se ele lhe parecer resolver muitos dos problemas da vida e responder um grande número de interrogações que inevitavelmente surgem para o homem pensante, então levará esses estudos adiante, e encontrará neles, eu espero e acredito, cada vez mais, a mesma satisfação e alegria que eu próprio encontrei. Se, por outro lado, achar preferível algum outro sistema, nenhum mal foi causado; ele simplesmente aprendeu algo dos princípios de um grupo de pessoas com as quais ainda é incapaz de concordar. Eu mesmo tenho bastante fé nesses princípios para acreditar que, mais cedo ou mais tarde, chegará o tempo em que ele concordará – quando também conhecer o que nós conhecemos.

As Três Grandes Verdades

Num dos nossos primeiros livros teosóficos está escrito que existem três verdades absolutas, que não podem ser perdidas, e que todavia podem permanecer no silêncio por falta de quem as pronuncie. São tão grandes quanto a própria vida e, apesar disso, tão simples quanto a mente do mais simples dos homens. Posso apenas parafrasear essas verdades, como os maiores dos meus princípios gerais.

Oferecerei então alguns corolários que naturalmente derivam dessas verdades, e então, em terceiro lugar, alguns dos mais importantes entre os vantajosos resultados que necessariamente acompanham esse conhecimento definido. Tendo assim organizado o esquema, eu o tomarei ponto por ponto, buscando oferecer explanações tão elementares quanto possível, dentro do escopo deste livro introdutório.

1. Deus existe, e Ele é bom. Ele é o grande doador de vida que reside dentro e fora de nós, é imortal e eternamente beneficente. Não pode ser ouvido, nem visto, nem tocado, e ainda assim pode ser percebido pelo homem que assim o desejar.

2. O homem é imortal e o seu futuro é tal que sua glória e esplendor não têm limites.

3. Uma lei divina de justiça absoluta governa o mundo, de modo que cada homem é na verdade seu próprio juiz, o dispensador de glória ou tristeza para si próprio, o decretador de sua vida, sua recompensa, sua punição.

Corolários

Ligadas a cada uma dessas três grandes verdades estão algumas outras, subsidiárias e explanatórias.

Da primeira delas segue:

1. Que, apesar das aparências, todas as coisas estão definitiva e inteligentemente se movendo juntas para todo o sempre; que todas as circunstâncias, contrárias como possam parecer, estão na realidade exatamente onde se fazem necessárias; que tudo à nossa volta tende, não a nos impedir, mas a nos ajudar, se isso pelo menos for compreendido.
2. Que, uma vez que todo o esquema tende, assim, a beneficiar o homem, é claramente seu dever aprender a entendê-lo.
3. Que, quando ele o tiver entendido, é também seu dever cooperar diligentemente com esse esquema.

Da segunda grande verdade segue:

1. Que o verdadeiro homem é a alma, e que este corpo é apenas um apanágio.
2. Que ele deve, portanto, considerar cada coisa do ponto de vista da alma, e que toda vez que uma luta interna ocorrer, ele deve reconhecer sua identidade com o mais elevado e não com o mais inferior.
3. Que aquilo a que comumente chamamos sua vida é apenas um dia de sua vida verdadeira e mais ampla.

4. Que a morte é um assunto de muito menor importância do que geralmente se supõe, já que não é de modo algum o fim da vida, mas meramente a passagem de um estágio para outro.
5. Que o homem tem uma enorme evolução atrás de si, cujo estudo é extremamente fascinante, interessante e instrutivo.
6. Que ele tem também uma esplêndida evolução diante de si, cujo estudo será ainda mais interessante e instrutivo.
7. Que há uma certeza absoluta da realização final para toda alma humana, não importando o quão distante ela possa parecer ter-se desviado do caminho da evolução.

Da terceira grande verdade segue:

1. Que cada pensamento, palavra ou ação produz seu resultado definido – não uma recompensa ou punição imposta de fora, mas um resultado inerente à própria ação, definitivamente conectado com esta na relação de causa e efeito, sendo estes na realidade nada mais que duas partes inseparáveis de um todo.
2. Que é tanto dever quanto interesse do homem estudar essa lei divina com o máximo de atenção, para que possa ser capaz de adaptar-se a ela e usá-la como usamos outras grandes leis da natureza.
3. Que é necessário para o homem obter controle perfeito sobre si mesmo, para que possa guiar sua vida inteligentemente de acordo com essa lei.

Vantagens Obtidas com esse Conhecimento

Quando esse conhecimento é completamente assimilado, muda o aspecto de vida tão completamente que seria impossível computar todas as vantagens que dele fluem. Posso apenas mencionar umas poucas linhas principais ao longo das quais essa mudança é produzida, e o pensamento do próprio leitor, irá, sem dúvida, suprir algumas das intermináveis ramificações que são sua consequência necessária.

Mas deve-se compreender que nenhum conhecimento vago será suficiente. Tal crença, já que a maioria dos homens estão acordes com as afirmações de suas religiões, será totalmente inútil, já que não produz qualquer efeito prático em suas vidas. Mas se acreditarmos nessas verdades como acreditamos nas leis da natureza – como acreditamos que o fogo queima e que a água afoga – então o efeito que produzem em nossas vidas será enorme. Pois a nossa crença nas leis da natureza é suficientemente real para nos induzir a ordenar as nossas vidas de acordo com ela. Acreditando que o fogo queima, tomamos toda precaução para evitar o fogo; acreditando que a água afoga, evitamos entrar em águas profundas demais para nós, a não ser que saibamos nadar.

Ora, essas crenças são tão definidas e reais para nós porque estão fundamentadas no conhecimento e ilustradas pela experiência diária; e as crenças do estudante teosófico são igualmente reais e definidas para ele exatamente pelas mesmas razões. E é por isso que descobrimos a partir delas os resultados a serem agora descritos:

1. Nós conseguimos uma compreensão racional da vida – sabemos como devemos viver e por que, e aprendemos que a vida *vale a pena* ser vivida quando apropriadamente entendida.
2. Aprendemos a governar a nós mesmos, e portanto como desenvolver a nós mesmos.
3. Aprendemos como melhor ajudar aqueles a quem amamos, como nos tornar úteis a todos com quem entramos em contato, e por fim à toda a raça humana.
4. Aprendemos a visualizar tudo a partir do ponto de vista filosófico mais amplo – e jamais do lado mesquinho e puramente pessoal.

Consequentemente:

5. Os problemas da vida já não parecem mais tão grandes.
6. Não temos qualquer senso de injustiça em relação ao nosso derredor ou com o nosso destino.
7. Estamos totalmente libertos do temor da morte.
8. A nossa dor em relação à morte daqueles a quem amamos é grandemente mitigada.
9. Ganhamos uma visão diferente da vida após a morte e compreendemos o seu lugar na nossa evolução.
10. Estamos totalmente livres das preocupações ou temores religiosos, ou por nós mesmos ou por nossos amigos – temores quanto à salvação da alma, por exemplo.
11. Não estamos mais preocupados por incertezas quanto ao nosso destino futuro; vivemos em perfeita serenidade e sem temor algum.

Agora tomemos esses pontos em detalhe e nos esforcemos para explaná-los resumidamente.

III

A Deidade

Quando declaramos a existência de Deus como o primeiro e o maior dos nossos princípios, torna-se necessário para nós definirmos o sentido no qual empregamos essa palavra desgastada e ainda assim poderosa. Nós tentamos redimi-la dos estreitos limites que lhe são impostos pela ignorância dos homens não-desenvolvidos e restaurá-la ao seu esplêndido conceito – esplêndido, embora tão infinitamente aquém da realidade – que lhe emprestam os fundadores das religiões. E nós distinguimos entre Deus como Existência infinita, e a manifestação dessa suprema Existência como um Deus revelado, evoluindo e guiando um universo. Somente a essa manifestação limitada deve o termo "Deus pessoal" ser aplicado. Em Si mesmo, Deus está além dos limites da personalidade, está "em tudo e através de tudo", e, de fato, *é* tudo; e do Infinito, do Absoluto, do Todo, podemos apenas dizer que "Ele é".

Para todos os propósitos práticos, não precisamos ir além daquela Sua manifestação maravilhosa e gloriosa (que é um pouco mais compreensível do que o Absoluto, que está totalmente além da nossa compreensão), a grande força diretora ou Deidade de todo o nosso sistema solar a quem os filósofos têm chamado de Logos. D'Ele é verdadeiro tudo que já ouvimos afirmar de Deus – tudo que é bom, não as concepções blasfemas que lhe são às vezes imputadas, atribuindo-Lhe vícios humanos. Mas tudo que já foi dito do amor, da sabedoria, do poder, da paciência, da compaixão, da onisciência, da onipresença, da onipotência – tudo isso, e muito mais, é verdadeiro a respeito do Logos do nosso sistema. Verdadeiramente "n'Ele vivemos, nos movemos e temos o nosso ser", não como uma expressão poética, mas (por mais estranho que possa parecer) como um fato científico definido; e assim, quando falamos da Deidade, nosso primeiro pensamento é naturalmente do Logos.

Nós não temos uma vaga esperança de que Ele possa ser; nem mesmo acreditamos como questão de fé que Ele seja; nós simplesmente o sabemos, como sabemos que o Sol brilha, pois, para o investigador clarividente desenvolvido e treinado, essa poderosa Existência é uma certeza definitiva. Não que qualquer simples desenvolvimento humano possa nos habilitar a vê-Lo diretamente, mas aquela inconfundível evidência de Sua ação e de Seu propósito nos envolve de todos os lados, à medida que estudamos a vida do mundo invisível, que é na realidade somente a parte mais elevada deste.

Aqui encontramos a explicação de um dogma que é comum a todas as religiões – o dogma da Trindade. Por mais incompreensíveis que muitas das afirmações feitas sobre esse assunto em nossos credos possam parecer ao leitor, tornam-se significativas e luminosas quando a verdade é compreendida. Por exemplo, quando Ele aparece para nós em sua obra, o Logos Solar é indubitavelmente triplo – três e ainda assim um, como as religiões nos têm dito há tanto tempo; e tanto da explanação desse aparente mistério quanto o intelecto humano possa captar será encontrado nos livros que logo serão mencionados.

Ele está dentro de nós assim como fora de nós, ou, em outras palavras, o homem em si mesmo é essencialmente divino. Essa é outra grande verdade que é uma certeza absoluta para o estudante do lado mais elevado da vida, embora aqueles que estão cegos a tudo, exceto ao mundo menos elevado e mais exterior, possam ainda discutir a respeito. Da constituição da alma do homem e seus vários veículos falaremos sob a égide da segunda das verdades; basta, por enquanto, notar que a divindade inerente é um fato, e que nela reside a certeza do retorno último de todo ser humano no nível divino.

O Esquema Divino

Talvez nenhum de nossos postulados apresente mais dificuldade à mente mediana que o primeiro corolário para essa primeira grande verdade. Olhando ao nosso redor, na vida do dia-a-dia, vemos tanto de tempestade e de estresse, de mágoa e de sofrimento, que o mal parece ter triunfado sobre o bem; é quase impossível supor que toda essa aparente confusão é, na realidade, parte de um progresso ordenado. Todavia, essa é a verdade, e pode ser vista como tal logo que escapemos da nuvem de poeira levantada pela contenda nesse mundo exterior, e olhemos para tudo isso a partir da posição vantajosa do conhecimento mais completo e da paz interior.

Dessa forma, o real movimento da complexa maquinaria torna-se aparente. E então se vê que o que parecia ser a contracorrente do mal prevalecendo contra a corrente do progresso é meramente uma minúscula onda para a qual, por enquanto, pode-se desviar um pouco d'água; ou um pequeno remoinho na superfície, no qual parte da água parece momentaneamente estar retrocedendo. Mas o tempo todo o rio poderoso está fluindo firmemente em seu curso determinado, levando com ele os remoinhos superficiais. De modo semelhante, a grande corrente da evolução está se movendo uniformemente em seu curso, e o que nos parece uma terrível tempestade é o mero encrespar de sua superfície.

Em verdade, como nos diz a nossa terceira grande verdade, a justiça absoluta é oferecida a todos, e assim, qualquer que seja a circunstância em que um homem se encontre, ele sabe que somente ele e nenhum outro a criou; mas também pode saber muito mais que isso. Ele pode ter a certeza de que, sob a ação da lei de evolução, as coisas são arranjadas de tal modo a propiciar-lhe a melhor oportunidade possível para o desenvolvimento, em seu interior, daquelas qualidades de que mais necessita. As suas circunstâncias não são de modo algum necessariamente aquelas que ele teria escolhido para si mesmo, porém são exatamente as que ele merece; e, sujeito apenas a essa consideração quanto às coisas que merece (que frequentemente impõem sérias limitações), são elas as que melhor se adaptam ao seu progresso. Elas podem trazer toda sorte de dificuldades, mas estas são oferecidas apenas para que ele possa aprender a superá-las e desenvolver dentro de si mesmo coragem, determinação, paciência, perseverança, ou qualquer outra qualidade que possa não possuir. Os homens sempre falam como se as forças da natureza estivessem conspirando contra eles, mas seria muito bom se pudessem compreender que, na realidade, tudo a respeito deles está cuidadosamente calculado para assisti-los no seu caminho ascendente.

Isso, já que existe um esquema divino e é dever do homem tentar compreendê-lo, é uma proposição que certamente não precisa de argumento. Mesmo que fosse apenas por motivos de interesse próprio, aqueles que têm de viver sob um certo conjunto de condições fariam bem em familiarizar-se com elas; e quando o objetivo do homem na vida é tornar-se altruísta, faz-se ainda mais necessário para ele compreender, para poder ajudar mais efetivamente.

Sem sombra de dúvida, faz parte desse plano de evolução que ele próprio deva cooperar diligentemente com o plano, logo que tenha desenvolvido inteligência suficiente para assimilá-lo e bons sentimentos suficientes para desejar ajudar. Mas, de fato, esse esquema divino é tão maravilhoso e tão belo que, quando um homem o vê, nada mais lhe é possível senão lançar toda sua energia no esforço de tornar-se um trabalhador do esquema, não importa quão humilde possa ser a parte que tenha de sustentar.

Para informações mais completas sobre os assuntos deste capítulo, sugiro a leitura dos seguintes livros: *Cris-*

tianismo Esotérico e *A Sabedoria Antiga*, ambos de Annie Besant, *O Credo Cristão* e *A Gnose Cristã*, de minha autoria. Muita luz é ainda lançada sobre esses conceitos a partir do ponto de vista grego em *Orpheus*, de G. R. S. Mead, e do ponto de vista gnóstico-cristão no seu *Fragments of a Faith Forgotten*.

Eu sei, à medida que minha vida envelhece
E que meus olhos adquirem uma visão mais clara,
Que sob cada posição errada em algum lugar
Jaz a raiz da justiça;
Que cada infortúnio tem o seu propósito
Pelo arrependimento do que não pode ser adivinhado
Que, tão certo quanto o Sol traz a manhã,
O que quer que seja, é o melhor.

Eu sei que cada ação pecaminosa,
Tão certo quanto a noite traz a sombra,
É em algum lugar, algum tempo, punida,
Embora a hora possa muito demorar.
Eu sei que a alma é auxiliada
Às vezes pelo desassossego do coração,
E crescer significa muitas vezes sofrer;
Mas o que quer que seja, é o melhor.

Eu sei que não há erros
No grande plano eterno,
E que todas as coisas se combinam

Para o bem final do homem.
E eu sei que quando minha alma acelerar para adiante
Em sua grande e eterna aventura
Eu direi, enquanto olho de volta para a Terra,
O que quer que seja, é o melhor.

Anon

IV

A Constituição do Homem

O surpreendente materialismo prático a que fomos reduzidos neste país (Inglaterra) não poderia ser mostrado de maneira mais clara do que pelas expressões que empregamos na vida do dia-a-dia. De maneira bastante comum, falamos do homem como tendo uma alma, de "salvar" as nossas almas, etc., evidentemente considerando o corpo físico como o homem real e a alma como um mero apanágio, algo vago a ser encarado como propriedade do corpo. Com uma ideia tão pouco definida como essa, não é de surpreender que muitas pessoas se adiantem ainda mais e duvidem de que esse "algo" vago realmente exista. Desse modo, parece que o homem comum é, via de regra, bastante incerto quanto a ter uma alma ou não; menos ainda sabe ele que essa alma é imortal. Que ele deva permanecer nessa condição lamentável de ignorância parece estranho, pois muitas evidências podem ser encontradas, mesmo no mundo exterior, para mostrar que o homem tem uma existência inteiramente à parte do corpo, capaz de ser vivida distante desse corpo enquanto ele ainda vive, e inteiramente sem ele quando o corpo está morto.

Até que tenhamos nos desembaraçado inteiramente dessa extraordinária ilusão de que o corpo é o homem, é absolutamente impossível que, de algum modo, apreciemos os fatos reais do caso. Uma pequena investigação nos mostra de imediato que o corpo é apenas um veículo por meio do qual o homem se manifesta em conexão com esse tipo particular de matéria densa de que o nosso mundo visível é constituído.

Ademais, isso mostra que outros tipos de matéria mais sutis existem – não apenas o éter, que antes se supunha interpenetrar todas as substâncias conhecidas, mas outros tipos de matéria, que por sua vez interpenetram até o éter, e que são muito mais sutis que o éter, tanto quanto este o é em relação à matéria sólida.

Naturalmente surgirá para o leitor a questão de como será possível para o homem tornar-se consciente da existência de tipos de matéria tão maravilhosamente sutis, subdivididos de maneira tão diminuta. A resposta é que ele pode se tornar consciente dos mesmos da mesma maneira como se torna consciente da matéria inferior: recebendo suas vibrações. À medida que ele se torna capaz de receber essas vibrações, pelo fato de possuir matéria desse tipo mais sutil como parte de si mesmo (do mesmo modo como seu corpo de matéria densa é o veículo para perceber e se comunicar com o mundo de matéria densa), de maneira semelhante a matéria mais sutil em seu interior constitui para ele um veículo por meio do qual pode perceber e se comunicar com o mundo de matéria mais sutil, que é imperceptível aos sentidos físicos mais grosseiros.

Isso não é de modo algum uma ideia nova. Deve ser lembrado que São Paulo observa que "há um corpo natural, e há um corpo espiritual" e que, além disso, ele faz referência tanto à alma quanto ao espírito no homem, não empregando, de modo algum, os dois simultaneamente, como é impropriamente feito tantas vezes hoje em dia. Está se tornando cada vez mais evidente que o homem é um ser muito mais complexo do que comumente se supõe; que ele não é apenas um espírito dentro de uma alma, mas que sua alma tem vários veículos de diferentes graus de densidade, sendo o corpo físico apenas um, e o mais inferior deles. Os vários veículos podem ser todos descritos como corpos em relação aos seus respectivos níveis de matéria. Poder-se-ia dizer que existem ao nosso redor uma série de mundos, um dentro do outro, em interpenetração, e que o homem possui um corpo para cada um desses mundos, por meio do qual ele pode observá-lo e nele viver.

Ele gradativamente aprende como usar esses vários corpos, e dessa maneira obtém uma ideia muito mais completa do grande e complexo mundo em que vive; pois todos esses outros mundos internos na realidade são ainda parte dele. Desse modo vem o homem a entender muitas coisas que antes lhe pareciam misteriosas; ele deixa de se identificar com os seus corpos e aprende que eles são apenas vestimentas de que pode se desfazer, voltar a vestir ou trocar, sem ser em nada afetado por isso. Mais uma vez devemos repetir que tudo isso não é, de modo algum, especulação metafísica ou opinião piedosa, mas um fato científico definitivo, muito bem conhecido experimentalmente por aqueles que estudaram a Teosofia. Por mais estranho que possa parecer a muitos encontrar afirmações precisas tomando o lugar de hipóteses sobre questões como essas, não estou falando aqui de nada que não seja conhecido por observação direta e constantemente repetida. Com certeza "sabemos do que falamos", não por crença, mas por experiência, e portanto falamos com confiança.

A esses mundos internos, ou níveis diferentes de natureza, geralmente damos o nome de planos. Falamos do mundo visível como "o plano físico", embora sob esse nome incluamos também os gases e os vários graus de matéria mais sutil. Ao estágio seguinte de materialidade foi dado o nome de "plano astral" pelos alquimistas medievais (que estavam bem conscientes de sua existência), e nós adotamos o título. Dentro desse existe um outro mundo de matéria ainda mais sutil, ao qual nos referimos como "plano mental", porque sua matéria é composta do que é comumente chamado de mente, no homem. Há outros planos ainda mais elevados, mas não é preciso preocupar o leitor com designações para eles, já que no momento estamos lidando apenas com a manifestação do homem nos mundos inferiores.

Deve ser sempre mantido em mente que todos esses mundos não estão de modo algum afastados de nós no espaço. Na verdade, todos eles ocupam exatamente o mesmo espaço e estão todos igualmente sempre à nossa volta. No momento, a nossa consciência está focada e trabalhando através do nosso cérebro físico, e assim estamos conscientes apenas do mundo físico, e nem sequer da totalidade dele. Mas basta aprender a focar essa consciência em um desses planos mais elevados e imediatamente o físico desaparece de nossa vista; no lugar dele, passamos a ver o mundo de matéria que corresponde ao veículo usado.

Recordemos que toda matéria é, em essência, a mesma. A matéria astral não difere da matéria física em sua estrutura mais do que o gelo difere do vapor em sua natureza. É simplesmente a mesma coisa, numa condição diferente. A matéria física pode se tornar astral, ou a matéria astral pode se tornar mental, se for suficientemente subdividida e posta a vibrar com o grau de velocidade apropriado.

O Homem Verdadeiro

O que, então, é o homem verdadeiro? Ele é, em verdade, uma emanação do Logos, uma centelha do fogo divino. O espírito em seu interior é da própria essência da Deidade, e esse espírito usa a alma do homem como uma vestimenta que a envolve e individualiza; nossa visão limitada parece separá-la durante algum tempo do restante da vida divina. A história da formação original da alma do homem, e do envoltório do espírito dentro dela, é bela e interessante, mas excessivamente longa para ser incluída num mero tratado elementar como este. A história pode ser encontrada com riqueza de detalhes naqueles nossos livros que lidam com essa parte da doutrina. É o bastante dizer, aqui, que todos os três aspectos da vida divina estão contidos nesse começo, e que sua formação é a culminância daquele tremendo sacrifício do Logos em descer à matéria, que tem sido chamado de Encarnação.

Assim nasce a alma bebê; e do mesmo modo como é "feita à imagem de Deus" – triplo em aspecto como é, e triplo em manifestação como também o é – assim o seu método de evolução é também um reflexo de sua descida na matéria. A centelha divina contém em si toda potencialidade, mas é somente através de longas eras de evolução que todas as suas possibilidades podem ser concretizadas. O método designado para a evolução das qualidades latentes no homem parece ser aprender a vibrar em resposta a impactos vindos do exterior. Mas, no nível onde ele se encontra (no plano mental superior), as vibrações são demasiadamente sutis para despertar essa resposta no momento. Ele deve começar com aquelas que são mais densas e mais fortes, e, tendo por esses meios despertado sua sensibilidade adormecida, irá gradualmente se tornando cada vez mais sensitivo, até que seja capaz de responder com perfeição, em todos os níveis, a toda gama possível de vibrações.

Esse é o aspecto material do seu progresso; mas considerado subjetivamente, ser capaz de responder a todas as vibrações significa ser perfeito em compreensão e compaixão. E é essa exatamente a condição do homem evoluído – do Adepto, do instrutor espiritual, do Cristo. Ele precisa desenvolver dentro de si todas as qualidades que o tornarão o homem perfeito; e é essa a verdadeira tarefa de sua longa vida na matéria.

Neste capítulo abordamos muitos assuntos de extrema importância. Aqueles que desejam se aprofundar mais encontrarão muitos livros teosóficos para ajudá-los. Sobre a constituição do homem nós remeteríamos os leitores às obras de Annie Besant, *O Homem e Seus Corpos*, *The Self and Its Sheaths*, e *Os Sete Princípios do Homem*, e também ao meu próprio livro *O Homem Visível e Invisível*, no qual serão encontradas muitas ilustrações dos diferentes veículos do homem segundo a visão clarividente.[1]

Sobre o uso das faculdades internas, consulte *Clarividência*, de minha autoria. Sobre a formação e evolução da alma, *Birth and Evolution of the Soul*, de Annie Besant, *Growth of the Soul*, de A. P. Sinnett, e os meus livros *O Credo Cristão* e *O Homem Visível e Invisível*. Sobre a evolução espiritual do homem, *Do Recinto Externo ao Santuário Interno* e *O Caminho do Discipulado*, ambos de Annie Besant, e os capítulos finais de meu livro *Auxiliares Invisíveis*.[2]

---

[1] Leia-se também *Autocultura à Luz do Ocultismo*, de I. K. Taimni, publicado pela Editora Teosófica. (Nota da edição brasileira)

[2] Leia-se também *As Escolas de Mistérios*, de Clara Codd, e *A Vida Interna*, de C. W. Leadbeater, ambos publicados pela Editora Teosófica. (Nota da edição brasileira)

V

Reencarnação

Uma vez que, a princípio, os movimentos mais sutis não conseguem afetar a alma, ela tem que juntar ao seu redor vestimentas de matéria mais densa, através das quais possam fluir as vibrações mais pesadas; e assim ela toma sobre si sucessivamente o corpo mental, o corpo astral e o corpo físico. Isso é um nascimento ou reencarnação – o começo de uma vida física. Durante essa vida, ocorrem diferentes tipos de experiências através do seu corpo físico; dessas experiências, ela deve aprender algumas lições e desenvolver algumas qualidades dentro de si mesma.

Após algum tempo ela começa novamente a se recolher para dentro de si mesma, e gradativamente vai se desfazendo das vestimentas de que fez uso. A primeira delas a ser descartada é o corpo físico, e a sua retirada desse corpo é o que chamamos morte. Não é o fim das suas atividades, como tão impropriamente supomos; nada poderia estar mais distante da realidade. Ela está simplesmente se afastando de um esforço, levando com ele os resultados; após um certo período de comparativo repouso, fará novamente um novo esforço do mesmo tipo.

Assim, como foi dito, aquilo que geralmente chamamos de sua vida é apenas um dia na vida real e mais ampla – um dia na escola, durante o qual ela aprende certas lições. Mas, visto que uma curta vida de setenta ou oitenta anos, no máximo, não é suficiente para lhe dar uma oportunidade de aprender todas as lições que esse belo e maravilhoso mundo tem a ensinar, e visto que Deus deseja que ela as aprenda todas no tempo de que dispõe, é necessário que ela retorne muitas vezes e viva muitos desses dias escolares que chamamos de vida, em diferentes classes e sob diferentes circunstâncias, até que todas as lições sejam incorporadas; e então o seu trabalho escolar mais inferior terminará e ela passará a algo mais elevado e mais glorioso – a verdadeira vida divina de trabalho, para a qual toda essa vida escolar na Terra a está capacitando.

É a isso que se chama doutrina da reencarnação ou do renascimento – uma doutrina que foi amplamente conhecida nas civilizações antigas e que hoje em dia é ainda mantida pela maioria da raça humana. Sobre isso, Hume escreveu:

"O que é incorruptível deve também não ser generalizável. A alma, portanto, é imortal, existia antes do nosso nascimento... A metempsicose é, portanto, o único sistema desse tipo a que se pode dar ouvidos."[1] Escrevendo sobre as teorias da metempsicose na Índia e na Grécia, diz Max Muller:

[1] Hume, *Essay on Immortality*, Londres, 1878.

"Há algo subjacente a elas que, se expressado em linguagem menos mitológica, pode suportar o teste mais severo do exame filosófico." [1]

Em sua última e póstuma obra, esse grande orientalista novamente faz alusão a essa doutrina, e expressa sua crença pessoal na mesma. E Huxley escreve: "Como a própria doutrina da evolução, a doutrina da transmigração tem suas raízes no mundo da realidade; e pode reivindicar suporte tal como o grande argumento da analogia é capaz de fornecer."[2] Assim, pode-se ver que tanto os escritores modernos quanto os antigos reconhecem essa hipótese como merecedora da mais séria consideração. Ela não deve, por um instante sequer, ser confundida com a teoria, sustentada por algumas pessoas, de que é possível para uma alma que atingiu a humanidade em sua evolução retornar à condição de animal. Nenhuma regressão desse tipo está dentro dos limites da possibilidade; uma vez que o homem veio à existência – uma alma humana, habitando o que chamamos em nossos livros de corpo causal –, ele jamais poderá novamente retroceder ao que em verdade é um reino inferior da natureza, quaisquer que sejam as faltas que possa cometer, ou se vier a falhar em aproveitar suas oportunidades. Se ele for indolente na escola da vida, poderá precisar repetir a mesma lição muitas vezes, antes de realmente a ter aprendido; mas, ainda assim, no geral o progresso é constante, embora possa muitas vezes ser lento. Há alguns anos a essência dessa doutrina foi belamente exposta numa revista:

---

[1] Max Müller, *Theosophy or Psychological Religion*, 1895.
[2] Huxley, *Evolution and Ethics*, 1985.

"Um menino frequentava a escola. Ele era muito pequenino. Tudo o que sabia adquirira juntamente com o leite materno. Seu professor (que era Deus) o colocou na turma mais atrasada e lhe deu estas lições para aprender: 'Não matarás. Não roubarás.' E assim, o homem não matou; mas ele era cruel, e roubava. Ao final do dia (quando sua barba estava grisalha – quando a noite chegara), seu professor (que era Deus) disse: 'Aprendeste a não matar. Não causarás dor a nenhum ser vivente. Mas as outras lições não aprendeste. Volte amanhã.' "

"Na manhã seguinte ele voltou, um menininho. E o seu professor (que era Deus) o colocou numa turma um pouco mais adiantada, e lhe deu estas lições para aprender: 'Não causarás dor a nenhum ser vivente. Não roubarás. Não trapacearás.' E assim o homem não causou dor a nenhum ser vivente; mas ele roubou e trapaceou. E ao final do dia (quando sua barba estava grisalha – quando a noite chegara), seu professor (que era Deus) disse: 'Aprendeste a ser misericordioso. Mas as outras lições tu não aprendeste. Volte amanhã.' "

"Novamente, na manhã seguinte, ele retornou, um menininho. E o seu professor (que era Deus) o colocou numa turma ainda mais adiantada e lhe deu estas lições para aprender: 'Não roubarás. Não trapacearás. Não cobiçarás.' E assim o homem não roubou; mas trapaceou e cobiçou. E ao final do dia (quando sua barba estava grisalha – quando a noite chegara), seu professor (que era Deus) disse: 'Aprendeste a não roubar. Mas as outras lições não aprendeste. Volte, minha criança, amanhã.' É isso que eu tenho lido nos rostos de homens e mulheres, no livro do mundo, e no pergaminho dos céus, que é escrito com estrelas." (Berry Benson, em *The Century Magazine*, maio, 1894.)

Não é necessário que eu me estenda com os muitos argumentos em favor dessa doutrina da reencarnação; eles estão expostos bastante pormenorizadamente em nossa literatura. Aqui direi apenas isto. A vida nos apresenta muitos problemas que, sob qualquer outra hipótese fora essa da reencarnação, parecem completamente insolúveis; essa grande verdade os explica e, portanto, permanece irrefutável até que uma outra hipótese mais satisfatória possa ser encontrada. Como o resto do ensinamento, essa não é uma hipótese e sim uma matéria de conhecimento direto para muitos de nós; mas naturalmente que o nosso conhecimento não serve de prova para os outros.

Todavia, homens verdadeiros e bons têm tristemente sido forçados a admitir que eram incapazes de conciliar o estado de coisas que existe no mundo à sua volta com a teoria de que Deus tanto era onipotente quanto todo-amoroso. Eles sentiram, quando vislumbraram toda a angustiosa tristeza e sofrimento, que ou Ele não era onipotente e não podia evitar, ou que não era todo-amoroso e não se importava. Em Teosofia nós sustentamos com convicção determinada que Ele tanto é onipotente quanto todo-amoroso, e conciliamos isso com aquela certeza existente nos fatos da vida, por meio da doutrina básica da reencarnação. Certamente, a única hipótese que nos permite, de maneira razoável, reconhecer a perfeição do poder e amor na Deidade é aquela que é digna de exame cuidadoso.

Pois entendemos que a nossa vida atual não é a nossa primeira vida, mas que cada um de nós tem atrás de si uma longa linha de vidas, por meio de cujas experiências evoluímos da condição de homem primitivo à nossa condição atual. Certamente que nessas vidas passadas devemos ter feito tanto o bem quanto o mal, e de cada uma de nossas ações uma proporção definida de resultado deve ter seguido sob a inexorável lei de justiça. Do bem sempre resulta felicidade e oportunidade futura; do mal sempre resulta dor e limitação.

Desse modo, se nos sentimos de qualquer maneira limitados, a limitação foi causada por nós mesmos, ou é simplesmente devida à juventude da alma; se temos de suportar dor e sofrimento, somente nós somos responsáveis. Os destinos múltiplos e complexos dos homens respondem com rígida exatidão ao equilíbrio entre o bem e o mal de suas ações prévias; e tudo move-se para a frente sob a ordem divina, rumo à consumação final da glória.

No conjunto do conhecimento teosófico, talvez a reencarnação seja o item que tenha recebido as mais violentas objeções; todavia ela é, na verdade, uma doutrina muito reconfortante, pois nos dá tempo para o progresso que está adiante – tempo e oportunidade para nos tornarmos perfeitos, como nosso Pai no céu é perfeito. Os opositores fundamentam seus protestos principalmente no fato de que passaram por tantos problemas e dor nessa vida que não ouvirão qualquer sugestão de que possa ser necessário passar por tudo isso novamente. Mas, obviamente, isso não é argumento; estamos em busca da verdade, e quando ela é encontrada nós não devemos recuar, quer seja ela agradável ou desagradável, embora, realmente, como dito acima, a reencarnação corretamente compreendida seja profundamente reconfortante.

Além disso, as pessoas sempre perguntam por que, se tivemos tantas vidas prévias, não nos lembramos delas. De maneira sucinta, a resposta para isso é que algumas pessoas realmente se lembram; e a razão pela qual a maioria não se recorda é porque suas consciências estão ainda focalizadas em um ou outro dos veículos inferiores. Não se pode esperar que esse veículo se lembre de encarnações anteriores porque ele não as teve; e a alma, que as teve, não está ainda totalmente consciente no seu próprio plano. Mas a memória de todas as vidas passadas está armazenada no interior dessa alma e se expressa aqui como qualidades inatas com as quais a criança nasce; quando o homem tiver evoluído suficientemente para ser capaz de focalizar sua consciência lá, em vez de somente nos veículos inferiores, toda a história daquela vida real e mais plena estará aberta diante dele como um livro.

A totalidade dessa questão está trabalhada de maneira bela e completa no manual sobre *Reencarnação*, de Annie Besant; em *Reincarnation*, de Jerome Anderson; e nos capítulos sobre esse assunto no livro *A Sabedoria Antiga*, de Annie Besant (Editora Teosófica).[1]

---

[1] Leia-se também A *Tradição-Sabedoria*, de Ricardo Lindemann e Pedro Oliveira, e *Investigando a Reencarnação*, de John Algeo, ambos publicados pela Editora Teosófica. (Nota da edição brasileira)

VI

A Perspectiva Mais Abrangente

É fácil perceber a mudança radical introduzida na vida do homem que compreende que a sua vida física não é nada mais que um dia na escola, e que o seu corpo físico é simplesmente uma vestimenta temporária arranjada para o propósito de aprender através dele. Ele de imediato vê que esse propósito de "aprender a lição" é o único que tem alguma importância, e que o homem que se permite ser desviado desse propósito por qualquer consideração está agindo com uma estupidez inconcebível.

Para aquele que conhece a verdade, a vida da pessoa comum devotada exclusivamente a objetivos materiais, à busca de riqueza ou fama, parece uma simples brincadeira de criança – um sacrifício insensível de tudo o que vale a pena ter para a gratificação de uns poucos momentos da parte inferior da natureza do homem. O estudante coloca sua afeição nas coisas elevadas, e não nas coisas da Terra, não apenas porque ele percebe que é a coisa certa a ser feita, mas porque compreende muito claramente a falta de valor das coisas terrenas. Ele sempre tenta alcançar o ponto de vista mais elevado, pois vê que o inferior carece totalmente de confiança – que os desejos e sentimentos inferiores o cercam como um denso nevoeiro, tornando-lhe impossível ver qualquer coisa com clareza, a partir daquele nível.

Mesmo que ele esteja totalmente convencido de que o caminho mais elevado é sempre o correto, e esteja totalmente determinado a segui-lo, irá ainda algumas vezes encontrar tentações muito fortes para seguir o caminho inferior, e estará consciente de uma grande luta dentro de si. Ele descobrirá que há "uma lei dos membros em guerra com a lei da mente", como diz São Paulo, "porque não faço o bem que quero, mas o mal que não quero, esse faço" (Romanos VII, 19).

Ora, as boas pessoas religiosas geralmente cometem os equívocos mais sérios sobre essa luta interior que todos nós já sentimos, em um nível maior ou menor. Elas geralmente aceitam uma das duas teorias sobre o assunto. Ou elas supõem que o sinal verde para as coisas inferiores vem de demônios tentadores externos, ou então deploram a terrível maldade e negrume de seus corações, já que um mal tão incompreensível ainda existe dentro delas. Realmente, muita gente boa, homens e mulheres, passam, por causa disso, por um sofrimento enorme e totalmente desnecessário.

O primeiro ponto a ter claro na mente, quando se deseja compreender esse assunto, é que o desejo inferior na verdade não é de modo algum o *nosso* desejo. E nem é obra de algum demônio tentando destruir as nossas almas. É verdade que às vezes há entidades malévolas que são atraídas pelos baixos pensamentos do homem, e agem para intensificá-los; mas tais entidades são criadas pelo homem, todas elas, e são impermanentes. São somente formas artificiais chamadas à existência pelo pensamento de outros homens malévolos, por um período que parece quase o de uma vida, proporcional à força do pensamento que as criou.

Mas o imediatismo indesejável dentro de nós, via de regra, vem de outra fonte. Foi mencionado, anteriormente, de que forma o homem atrai ao redor de si vestimentas de matéria de diferentes níveis para que possa descer à encarnação. Essa matéria não é matéria morta (na verdade, a ciência oculta nos ensina que em lugar algum existe tal coisa chamada matéria morta), mas está carregada de vida, embora seja vida num estágio de evolução muito anterior ao nosso – tão anterior que ainda está se movendo num curso descendente para se tornar matéria inferior, em vez de estar novamente ascendendo da matéria inferior para a superior. Consequentemente, sua tendência é pressionar para baixo, em direção à matéria mais densa e às vibrações mais pesadas, que para ela significam progresso, e que para nós significam regressão; assim, acontece que o interesse do homem verdadeiro às vezes entra em rota de colisão com o da matéria viva, em alguns dos seus veículos.

Esse é apenas um esboço a respeito do curioso conflito interno que às vezes sentimos – um conflito que trouxe às mentes poéticas a ideia dos anjos bons e maus em conflito a respeito da alma do homem. Uma consideração mais detalhada poderá ser encontrada em *O Plano Astral*, de minha autoria. Mas, por ora, é importante que o homem compreenda que ele é a força superior, sempre se movendo para o bem e lutando por ele, e que essa força inferior não é ele de modo algum, mas apenas um fragmento desgovernado de um dos seus veículos inferiores. Ele deve aprender a controlá-la, dominá-la totalmente e mantê-la em ordem; mas não deve, apesar disso, pensar nela como algo ruim, e sim como uma efusão do poder divino movendo-se em seu curso regular, embora esse curso, nesse estágio, ocorra para baixo, em direção ao interior da matéria, em vez de para cima e para longe dela, como é o nosso.

VII

A Morte

Um dos resultados práticos mais importantes de uma profunda compreensão da verdade teosófica é a completa mudança que ela necessariamente provoca em nossa atitude com relação à morte. Não podemos calcular a vasta quantidade de dor verdadeiramente desnecessária, de terror e de miséria que a humanidade em conjunto tem sofrido, devido simplesmente à sua ignorância e superstição com respeito a este assunto chamado morte. Há entre nós uma quantidade enorme de crenças falsas e tolas a esse respeito, que causaram um mal indizível no passado e que estão causando um sofrimento indescritível atualmente; sua erradicação seria um dos maiores benefícios que se poderia oferecer à espécie humana.

Esse benefício é imediatamente conferido pelo conhecimento teosófico àqueles que, por causa do seu estudo de filosofia em vidas passadas, acham-se agora capazes de aceitá-lo. Ele imediatamente retira da morte todo o seu terror e muito da sua dor, e nos permite vê-la em sua verdadeira proporção, entendendo o seu lugar no esquema da nossa evolução.

Enquanto a morte é considerada o fim da vida, como um portal para um país sombrio, amedrontador e desconhecido, não é sem razão que seja considerada com muito temor, senão com inegável terror. Uma vez que, apesar de todo ensinamento religioso em contrário, tenha sido essa a visão universalmente adotada no Ocidente, muitos horrores terríveis surgiram em torno da morte, tendo-se tornado assuntos usuais, aceitos às cegas por muitas pessoas que deveriam ter melhor compreensão sobre os mesmos. Toda a horrível parafernália lúgubre relativa ao luto não representa mais que um anúncio da ignorância de grande parte das pessoas. O homem que começa a entender o que significa a morte de imediato deixa de lado toda essa falsa aparência, por considerá-la infantil. O ato de chorar a morte de um amigo simplesmente porque envolve, para si mesmo, a dor de uma aparente separação, torna-se, logo que reconhecido, uma mostra de egoísmo. Ele não pode deixar de sentir a angústia da separação temporária, mas pode evitar que a sua própria dor se torne um empecilho para o amigo que morreu.

O homem que começa a entender o que significa a morte sabe que não precisa haver temor ou pesar pelo falecimento, caso ocorra com ele mesmo ou com aqueles a quem ama. Já aconteceu com todos eles tantas vezes antes que nada há de incomum nisso. Em vez de representá-la como uma terrível rainha dos horrores, seria mais apropriado e mais sensível simbolizá-la como um anjo empunhando uma chave dourada para nos admitir nos reinos gloriosos da vida superior.

Esse homem compreende de maneira muito definida que a vida é contínua, e que a perda do corpo físico nada mais é que deixar de lado uma vestimenta, o que de modo algum modifica o homem real, que é o usuário da vestimenta. Ele vê que a morte é simplesmente uma promoção de uma vida que é mais de cinquenta por cento física para outra que é totalmente astral, e portanto muitíssimo superior. Assim, para si mesmo, ele com toda a sinceridade lhe dá as boas vindas; e, quando diz respeito àqueles a quem ama, ele imediatamente reconhece a grande vantagem que é para eles, embora não possa deixar de sentir uma certa ponta de lamento egoísta, por estar temporariamente separado deles. Mas ele também sabe que essa separação é só aparente, e não real. Sabe que os assim chamados mortos estão ainda próximos a ele; e que basta livrar-se temporariamente do seu corpo físico, durante o sono, para estar lado a lado com os mesmos e conversar com eles como fazia antes.

O homem que começa a entender o que significa a morte vê de maneira clara que o mundo é uno e que as mesmas leis divinas regem a sua totalidade, seja ele visível ou invisível à visão física. Consequentemente ele não tem qualquer sentimento de nervosismo ou estranheza ao passar de uma parte para a outra, e nenhum tipo de incerteza quanto ao que irá encontrar do outro lado do véu. A totalidade do mundo invisível está tão clara e completamente mapeada para ele, pelo trabalho dos investigadores teosóficos, que este se torna tão bem conhecido quanto a vida física; desse modo, ele está preparado para adentrá-lo sem hesitação, quando quer que possa ser melhor para a sua evolução.

Para detalhes mais abrangentes dos vários estágios dessa vida mais elevada devemos remeter o leitor aos livros especialmente direcionados a esse assunto. Aqui basta dizer que as condições pelas quais o homem passa são precisamente aquelas que ele preparou para si mesmo. Os desejos e pensamentos que ele incentivou dentro de si durante a sua vida terrena tomam forma como entidades vivas definidas, pairando à sua volta e reagindo sobre ele até que a energia que ele armazenou dentro delas se esgote. Se tais pensamentos e desejos tiverem sido poderosa e persistentemente maus, os acompanhantes assim criados podem ser deveras terríveis; mas, felizmente, tais casos formam uma diminuta minoria entre os habitantes do mundo astral. O pior que o homem comum geralmente provê para si mesmo após a morte é uma existência inútil e insuportavelmente tediosa, destituída de todo interesse racional, a sequência natural de uma vida desperdiçada em auto-indulgência, trivialidades e diz-que-me-diz-que aqui na Terra.

A esse tédio, sob certas circunstâncias, pode-se juntar um efetivo sofrimento. Se o homem, em sua vida física, permitiu que um forte desejo físico se impusesse a ele – se, por exemplo, ele se tornou escravo de vícios como avareza, sensualidade ou embriaguez – ele preparou para si muito sofrimento expiatório após a morte. Pois, ao perder o corpo físico, ele de modo algum perde seus desejos e paixões; estes permanecem tão vívidos quanto antes, ou melhor, eles se tornam ainda mais ativos quando não têm mais as partículas pesadas da matéria densa para pôr em movimento. O que ele perde é o poder de satisfazer essas paixões, de modo que elas permanecem como desejos torturantes, atormentadores, não satisfeitos e sem possibilidade de satisfação. Ver-se-á que isso se torna um verdadeiro inferno para o desafortunado, embora temporário, uma vez que, com o passar do tempo, tais desejos devam se autoconsumir, despendendo sua energia no próprio sofrimento que produzem.

Um destino terrível, é verdade; todavia há dois pontos que temos de reter na mente com relação a esse aspecto: primeiro, que o homem não apenas se impôs isso, mas que ele próprio determinou a sua duração e intensidade. Ele permitiu a esse desejo alcançar uma certa força durante a sua vida na Terra, e agora deve enfrentá-lo e controlá-lo. Se, durante a vida física, ele fez esforços para reprimir ou resistir a esse desejo, terá agora tanto menos dificuldade em sobrepujá-lo. Ele criou para si o monstro contra o qual tem de agora lutar; qualquer que seja a força que o seu antagonista possua, é justamente a que ele lhe deu. Portanto, sua sorte não lhe é imposta de fora, mas é simplesmente obra sua.

Segundo, o sofrimento que ele desse modo se impõe é, para si, a única maneira de escapar. Se lhe fosse possível evitá-lo e atravessar a vida astral sem esse desgaste gradual dos desejos inferiores, qual seria o resultado? Obviamente, ele adentraria sua próxima vida física inteiramente sob o domínio dessas paixões. Seria um alcoólatra nato, um sensualista, um avarento; e muito antes de ser possível ensinar-lhe que deveria tentar controlar tais paixões, elas teriam se fortalecido demais para serem controladas – elas o teriam escravizado, corpo e alma, e assim uma outra vida seria desperdiçada, outra oportunidade seria perdida. Desse modo, ele entraria num círculo vicioso do qual parece não haver escapatória, e sua evolução seria retardada indefinidamente.

O esquema divino não é imperfeito assim. A paixão se exaure durante a vida astral, e o homem retorna à existência física sem ela. É verdade que a fraqueza mental que permitiu à paixão dominá-lo ainda está lá; verdade, também, que para essa nova vida astral ele construiu para si um corpo astral capaz de expressar exatamente as mesmas paixões que anteriormente, de modo que não seria difícil para ele voltar à sua antiga vida prejudicial. Mas o Ego,[1] o homem verdadeiro, teve uma lição terrível, e certamente fará todo esforço para evitar que sua manifestação inferior repita aquele mesmo erro, de novamente cair sob o domínio daquela paixão. Ele ainda possui os germes daquela paixão dentro de si, mas, se fez por merecer bons e sábios genitores, estes o ajudarão a desenvolver o que de bom há nele e a evitar o mal; os germes permanecerão sem dar frutos e atrofiarão, e assim, na vida seguinte após essa, eles não mais aparecerão. Dessa forma, lentamente o homem vence seus defeitos e desenvolve virtudes para substituí-los.

Por outro lado, o homem que é inteligente e prestativo, que compreende as condições dessa existência não-física e que cuida de se adaptar a elas e fazer delas o melhor, descobre a descortinar-se ante ele uma vista esplêndida de oportunidades, tanto para a aquisição de conhecimento novo quanto para a execução de trabalho útil. Ele descobre que a vida além desse corpo denso possui uma nitidez e brilho diante dos quais todas as alegrias terrestres são como o luar ante a luz do sol, e que, através do seu

[1] Referência ao Ego Superior ou Eu Superior (alma imortal individual). Não confundir com o termo ego pessoal, freqüentemente usado na Psicologia, que se refere à personalidade mortal. (Nota da edição brasileira)

conhecimento claro e sua calma confiança, o poder da vida eterna brilha sobre todos ao seu redor. Ele pode tornar-se um centro de paz e alegria inexprimível para centenas de seus semelhantes, e pode fazer mais bem em poucos anos daquela existência astral do que jamais poderia ter feito na vida física mais longa.

Ele está bem ciente, também, de que diante dele encontra-se um outro estágio ainda maior dessa maravilhosa vida *post-mortem*. Assim como, por seus desejos e pensamentos inferiores, ele construiu para si o ambiente de sua vida astral, da mesma maneira construiu, com pensamentos elevados e aspirações mais nobres, uma vida no mundo celeste. Pois o céu não é um sonho, mas uma realidade viva e gloriosa; não é uma cidade distante além das estrelas, com portões de pérolas e ruas de ouro, reservada para a habitação de uns poucos favorecidos, mas um estado de consciência pelo qual todo homem passará durante o intervalo entre suas vidas na Terra. Não é um lugar de moradia eterna, verdadeiramente, mas uma condição de indescritível felicidade que se estende através de muitos séculos. E não é só isso, pois embora contenha a realidade que permeia todas as melhores e mais espirituais ideias de céu que foram propagadas em várias religiões, não deve, de modo algum, ser considerado somente a partir desse ponto de vista.

É um reino da natureza que é de extrema importância para nós – um mundo vasto e esplêndido de intensa vida, no qual estamos vivendo agora como nos períodos entre as encarnações físicas. É apenas a nossa falta de desenvolvimento, apenas as limitações que nos são impostas por essa veste de carne, que não nos permitem compreender completamente que toda a glória mais elevada do céu está à nossa volta aqui e agora, e que as influências que emanam daquele mundo estão sempre agindo sobre nós; basta que as entendamos e recebamos. Por mais impossível que possa parecer ao homem comum, essa é a mais plena das realidades para o ocultista. Para aqueles que ainda não compreenderam essa verdade fundamental, podemos apenas repetir o conselho do instrutor budista: "Não reclame nem chore nem ore, porém abra os olhos e veja. Toda a luz está ao seu redor, se você simplesmente retirar a venda dos olhos e olhar. É tão bela, tão maravilhosa, tão além do que qualquer homem possa ter sonhado ou suplicado, e está aí para todo o sempre." (*The Soul of a People.*)

Quando o corpo astral, que é o veículo do pensamento inferior e do desejo, gradualmente se desgasta e é deixado para trás, o homem vê-se residindo naquele veículo superior de matéria mais refinada a que temos chamado corpo mental. Nesse veículo, ele é capaz de responder às vibrações que lhe chegam vindas da matéria correspondente no mundo externo – a matéria do plano mental. Acabou o seu tempo de purgatório, a parte inferior de sua natureza exauriu-se, e agora permanecem apenas os pensamentos e as aspirações superiores que ele desenvolveu durante a sua vida na Terra. Estes amontoam-se, criando uma espécie de concha à sua volta, de modo que ele é capaz de responder a certos tipos de vibrações nessa matéria mais refinada. Esses pensamentos que o cercam são os poderes pelos quais ele atrai a riqueza do plano celeste. Esse plano mental é um reflexo da Mente Divina – um armazém de extensão infinita do qual a pessoa que está desfrutando do céu é capaz de extrair somente aquilo que está de acordo com o poder de seus próprios pensamentos e aspirações gerados durante as vidas física e astral.

Todas as religiões falaram da bem-aventurança do céu; todavia, poucas colocaram diante de nós, com clareza, essa ideia pioneira que explica racionalmente como tal felicidade é possível igualmente para todos – que é, realmente, a chave-mestra da concepção: o fato de que cada homem cria o seu próprio céu, pela seleção dos inefáveis esplendores do pensamento do próprio Deus. Um homem decide por si mesmo tanto a extensão quanto o caráter da sua vida celeste pelas causas que gera durante sua vida terrena; portanto, ele não pode obter senão exatamente aquilo que mereceu e exatamente a qualidade de alegria que melhor condiz com as suas idiossincrasias. Esse é um mundo no qual todo ser, devido ao fato de sua consciência estar ali, deve estar desfrutando a mais elevada bem-aventurança espiritual que seja capaz – um mundo cujo poder de resposta à sua aspiração é limitado apenas pela sua capacidade de aspirar.

Maiores detalhes quanto à vida astral serão encontrados em *O Plano Astral*; a vida celeste está descrita em *O Plano Mental*, dois livros de minha autoria. Informações sobre ambas são dadas em *O Que Há Além da Morte*, também de minha autoria, e em *A Morte e Depois*, de Annie Besant.

VIII

O Passado e o Futuro do Homem

Uma vez que tenhamos entendido que o homem alcançou sua situação atual através de uma série de vidas longas e variadas, naturalmente surge uma questão em nossa mente: a quantidade de informação que podemos obter sobre essa evolução anterior, que naturalmente seria de nosso grande interesse. Felizmente tal informação está disponível, não apenas pela tradição mas também de uma outra maneira, muito mais exata. Não tenho espaço, aqui, para estender-me sobre as maravilhas da psicometria. No entanto, devo afirmar que existem muitas evidências de que tudo o que acontece fica registrado de maneira indelével; existe um tipo de memória na natureza onde se pode recuperar, com absoluta exatidão, qualquer cena ou evento ocorrido desde o início dos tempos. Estudantes do oculto estão familiarizados com o método de ler os registros do passado.

Em essência, essa memória da natureza deve ser a memória divina, muitíssimo além do alcance humano;

mas ela é refletida nos planos inferiores, para que seja recuperável pela inteligência treinada do homem. Tudo que passa diante de um espelho, por exemplo, é refletido sobre sua superfície; para nossos turvos olhos, parece que as imagens não causam qualquer impressão sobre o espelho, e sim que cada uma passa sem deixar qualquer traço. Todavia, não é isso que acontece; não é difícil imaginar que uma impressão *deve* ser deixada, assim como a impressão de todo som fica sobre o cilindro sensível de um fonógrafo; e pode ser possível recuperar a impressão do espelho, da mesma maneira como é possível recuperá-la do fonógrafo.

A psicometria superior mostra que não apenas deve ser assim, mas que *é* assim; e que não apenas um espelho, mas qualquer objeto físico, retém a impressão de tudo que aconteceu no seu campo de visão, por assim dizer. Assim, temos à nossa disposição um método preciso de chegar à história antiga do mundo e da humanidade; desse modo, muita coisa que é do mais arrebatador interesse pode ser observada em cada detalhe, como se as cenas estivessem sendo especialmente ensaiadas para nosso benefício. (Veja *Clarividência*, de C. W. Leadbeater.)

Investigações sobre o passado conduzidas por esses métodos mostram um processo longo de evolução gradual, lento porém incessante. Apresentam o desenvolvimento do homem sob a ação de duas grandes leis – primeiro, a lei de evolução, que firmemente pressiona-o para adiante e para cima; e, segundo, a lei da divina justiça, ou de causa e efeito, que traz, de modo inevitável, os resultados de cada ação sua, dessa maneira ensinando-lhe gradativamente a viver inteligentemente, em harmonia com a primeira lei.

Esse longo processo de evolução tem sido levado adiante não apenas nesta Terra mas em outros globos a ela ligados; porém, o tema é vasto demais para ser tratado em minúcias neste pequeno livro. Esse assunto é o tema principal da monumental obra de H. P. Blavatsky, *A Doutrina Secreta;* mas, antes de começar a abordá-lo, recomenda-se aos estudantes lerem os capítulos sobre isso no livro de Annie Besant, *A Sabedoria Antiga,* e em *Growth of the Soul,* de A. P. Sinnett.

Os livros recém-mencionados oferecerão a mais completa informação disponível não apenas quanto ao passado do homem, mas também quanto ao seu futuro; e embora a glória que o aguarda seja tal que chega a ser inaudita, alguma coisa pelo menos pode ser compreendida dos estágios iniciais que levam a tal. Que o homem seja divino até mesmo agora, e que logo fará desabrochar dentro de si as potencialidades divinas, é uma ideia que parece chocar algumas boas pessoas, e ser considerada com sabor de blasfêmia. Entretanto, isso não deveria ser assim, pois o próprio Jesus lembra aos judeus à sua volta o que dizem suas escrituras: "Eu disse: Vós sois Deuses" [João X, 34]. A doutrina da deificação do homem era comumente sustentada pelos fundadores da Igreja. Mas, nesses últimos dias, muito da mais antiga e mais pura doutrina tem sido esquecido e mal-entendido; e a verdade agora parece ser sustentada em toda a sua pujança somente pelos estudantes de ocultismo.

Às vezes perguntam por que, se o homem era desde o princípio uma centelha do Divino, deveria ser-lhe necessário atravessar todos esses éons de evolução, envolvendo tanta dor e sofrimento, apenas a fim de ser ainda divino ao final de tudo isso. Mas aqueles que fazem essa objeção ainda não compreenderam o esquema. Aquilo que surgiu do Divino ainda não era o homem – e nem mesmo uma centelha ainda, pois naquilo não havia uma individualização desenvolvida. Era simplesmente uma grande nuvem de essência divina, embora capaz de se condensar finalmente em muitas centelhas.

A diferença entre a sua condição quando emanando e quando retornando à fonte é exatamente como entre uma grande massa de matéria nebulosa brilhante e o sistema solar, o qual é finalmente formado a partir dessa substância. A nebulosa é bela, sem sombra de dúvida, mas indefinida e inútil; os sóis que surgiram a partir dela através de lenta evolução irradiam luz, calor e vida sobre muitos mundos e seus habitantes.

Podemos também citar outra analogia. O corpo humano é composto de incontáveis milhões de partículas diminutas, e algumas delas estão constantemente sendo expelidas. Suponhamos que fosse possível para cada uma dessas partículas passar por algum processo de evolução através do qual ela se tornaria, dentro de algum tempo, um ser humano; não devemos dizer que porque, em um certo sentido, ela foi humana no início daquele processo evolutivo, ela não ganhou nada quando chegou ao final. A essência surge como uma simples efusão de força, mesmo que seja força divina; ela retorna sob a forma de milhões de poderosos Adeptos, cada um capaz de, por si só, se desenvolver em um Logos.

Desse modo, pode-se ver que estamos grandemente justificados na afirmação de que o futuro do homem é um futuro cuja glória e esplendor não têm limites. E um ponto muito importante a ser lembrado é que esse futuro magnífico é para todos, sem exceção. Aquele a quem chamamos de homem bom – isto é, o homem cuja vontade se move em consonância com a Vontade Divina, cujas ações são tais que venham a ajudar a marcha da evolução – progride rapidamente na senda; enquanto o homem que incompreensivelmente se opõe à grande corrente, empenhando-se na busca de objetivos egoístas em vez de trabalhar pelo bem do todo, poderá progredir apenas muito lenta e irregularmente. Mas a Vontade Divina é infinitamente mais poderosa que qualquer vontade humana, e a operação do grande esquema é perfeita. O homem que não aprende sua lição da primeira vez tem simplesmente que repeti-la muitíssimas vezes até aprendê-la; a paciência Divina é infinita, e mais cedo ou mais tarde todo ser humano atinge a meta que lhe é designada. Não há temor nem incerteza, mas tão somente perfeita paz para aqueles que conhecem a Lei e a Vontade.

IX

Causa e Efeito

Nos capítulos anteriores tivemos constantemente que levar em consideração essa poderosa lei de ação e reação, sob a qual todo homem necessariamente recebe aquilo que é justamente merecido; pois, sem essa lei, o restante do esquema Divino seria incompreensível para nós. Vale a pena tentar obter uma apreciação verdadeira dessa lei, e o primeiro passo em direção a isso é "desacostumar" totalmente nossas mentes da ideia eclesiástica de recompensa e punição como sucedâneos de cada ação humana. É inevitável que liguemos a essa ideia o pensamento de um juiz administrando tal recompensa ou punição, e que logo após surja a possibilidade de que o juiz possa ser mais leniente em um caso que em outro, que possa ser abalado pelas circunstâncias, que um apelo lhe possa ser feito, e que desse modo a incidência da lei possa ser modificada ou até mesmo não observada totalmente.

Cada uma dessas sugestões é desencaminhadora no mais alto grau, e todo o corpo de pensamento ao qual pertencem deve ser cortado e totalmente abandonado antes de podermos chegar a qualquer compreensão dos fatos. Se um homem coloca sua mão sobre uma barra de ferro incandescente, sob circunstâncias ordinárias ele deveria queimar-se seriamente; todavia, jamais lhe ocorreria dizer que Deus o tivesse punido por colocar a mão sobre a barra. Ele compreenderia que o que se passara fora precisamente o que podia ter sido esperado sob a ação das leis da natureza, e aquele que entendesse o que significa o calor e como ele age poderia explicar exatamente como foi produzida a queimadura.

Deve ser observado que a intenção do homem de modo algum altera o resultado físico; se ele tivesse pego aquela barra de ferro para causar algum mal com ela ou para evitar que alguém se machucasse, iria se queimar da mesma maneira. Certamente, em outras e mais elevadas esferas os resultados seriam bastante diferentes; em um caso ele teria cometido uma ação nobre e teria a aprovação de sua consciência, enquanto no outro ele sentiria apenas remorso. Mas a queimadura física estaria lá, tanto em um caso quanto no outro.

Para obter uma concepção verdadeira do funcionamento dessa lei de causa e efeito, devemos pensar nela como agindo automática e exatamente da mesma maneira. Se temos algo pesado pendurado no teto por meio de uma corda, e eu exerço uma certa quantidade de força contra o objeto, empurrando-o, sabemos, pelas leis da mecânica, que o peso fará pressão idêntica contra a minha mão com exatamente a mesma quantidade de força; e essa reação se realizará sem a mínima referência à minha razão para perturbar o seu equilíbrio. De modo semelhante, um homem que comete um ato vil perturba o equilíbrio da grande corrente de evolução, e essa poderosa corrente invariavelmente ajusta o equilíbrio às custas do homem.

Portanto, não se deve supor por um só instante que a intenção da ação não faça diferença; pelo contrário, é o fator mais importante a ela ligado, embora não afete o resultado no plano físico. Temos a tendência de esquecer que a intenção é em si mesma uma força, e uma força que age sobre o plano mental, onde a matéria é tão mais sutil e vibra tão mais velozmente que no nosso nível inferior, que a mesma quantidade de energia produzirá um efeito imensamente maior. A ação física produzirá seu efeito no plano físico, mas a energia mental da intenção produzirá seu próprio resultado simultaneamente na matéria do plano mental, totalmente independente do outro; e o seu efeito certamente será o mais importante dos dois. Desse modo, pode-se ver que um ajuste absolutamente perfeito sempre é alcançado; por mais mesclados que possam estar os motivos, e por mais que o bem e o mal possam estar misturados nos resultados físicos, o equilíbrio será sempre perfeitamente reajustado, e ao longo de qualquer linha a justiça perfeita deve prevalecer.

Não devemos esquecer que é o próprio homem, e ninguém mais, que constrói seu caráter futuro e que produz suas circunstâncias futuras. Falando de maneira muito genérica, pode-se dizer que, enquanto suas ações em uma vida produzem o seu ambiente na próxima, os seus pensamentos numa vida são os fatores principais da evolução do seu caráter para a próxima vida. O modo como tudo isso funciona pode ser objeto de um estudo extremamente interessante, mas nos tomaria tempo demais detalhá-lo aqui; ele pode ser encontrado de modo bastante elaborado no manual de Annie Besant sobre o *Karma*; no capítulo referente a esse assunto em seu livro *A Sabedoria Antiga*; e no *Budismo Esotérico*, de A. P. Sinnett.

É óbvio que todos esses fatos nos fornecem razão mais do que suficiente para muitos dos nossos imediatismos éticos. Se o pensamento, em seu próprio plano, é um poder capaz de produzir resultados muito mais importantes do que qualquer outro que possa ser alcançado na vida física, então a necessidade de controlar essa força torna-se de imediato evidente. Não apenas o homem está construindo o seu próprio caráter futuro por meio de seus pensamentos, mas também está constante e inevitavelmente afetando as pessoas por meio deles.

Daí recair sobre ele uma responsabilidade muito séria quanto ao uso que faça desse poder. Se surgir o sentimento de aborrecimento ou de ódio no coração do homem comum, o seu impulso natural é expressá-lo de alguma maneira em palavras ou em ações. As regras comuns da sociedade civilizada, porém, o proíbem de assim agir, e ditam que ele deve reprimir tanto quanto possível todos os sinais exteriores de seus sentimentos. Se é bem sucedido nisso, está apto a congratular-se e considerar que fez tudo o que lhe competia fazer. O estudante de ocultismo, no entanto, sabe que para si é necessário manter o autocontrole muito mais além, e que deve, de modo absoluto, subjugar tanto o *pensamento* de irritação quanto a sua expressão exterior. Ele sabe que seus sentimentos põem em marcha uma força tremenda no plano astral, e que estas agirão contra o objeto de sua irritação com tanta certeza quanto um soco dado no plano físico, e que em muitos casos os resultados serão muitíssimo mais sérios e duradouros.

É verdade, em um sentido muito real, que os pensamentos são coisas. Na visão clarividente, os pensamentos assumem forma e cor definidas, sendo que a cor certamente depende da vibração ligada a elas. O estudo dessas formas e cores é de grande interesse. Uma descrição das mesmas, ilustradas com desenhos coloridos, poderá ser encontrada no livro intitulado *Formas-Pensamento*, de Annie Besant e C. W. Leadbeater.

Essas considerações nos abrem possibilidades em várias direções. Uma vez que é facilmente possível causar malefícios com o pensamento, também é possível fazer o bem com ele. Podem ser postas em movimento correntes que levarão ajuda e conforto mental para muitos amigos que estejam sofrendo, e desse modo todo um novo mundo de utilidade se abre diante de nós. Muitas almas agradecidas sentiram-se oprimidas pelo sentimento de que, por falta de riqueza material, foram incapazes de fazer alguma coisa em retribuição à gentileza que lhes foi dispensada por outras pessoas; mas aqui está um método pelo qual elas podem se tornar utilíssimas para outras pessoas, numa região onde a riqueza física ou sua ausência não fazem diferença.

Todo aquele que pode pensar pode ajudar os outros; e todos os que podem ajudar os outros devem fazê-lo. Nesse caso, como em todos os outros, saber é poder, e aqueles que compreendem a lei podem fazer uso dela. Sabendo que efeitos serão produzidos por certos pensamentos sobre si mesmos e sobre os outros, podem deliberadamente fazer ajustes para produzir esses resultados. Dessa maneira, um homem pode não apenas moldar firmemente o seu caráter na presente vida, como pode também decidir exatamente o que ele será na próxima. Pois o pensamento é uma vibração na matéria do corpo mental, e o mesmo pensamento persistentemente repetido evoca vibrações correspondentes (uma oitava acima, por assim dizer) na matéria do corpo causal. Desse modo, as qualidades são gradualmente construídas dentro da própria alma, e certamente reaparecerão como parte da mercadoria em estoque com a qual ele começa suas próximas encarnações. É dessa maneira, trabalhando de baixo para cima, que as faculdades e qualidades da alma são gradualmente desenvolvidas, e assim o homem toma sua evolução em suas próprias mãos e começa a cooperar inteligentemente com o grande esquema da Deidade. Para mais informações sobre esse assunto, o melhor livro para estudo é *O Poder do Pensamento*, de Annie Besant. Leia-se também *Os Ideais da Teosofia*, da mesma autora, publicado pela Editora Teosófica.

X

O Que a Teosofia Faz por Nós

Já deve estar óbvio, para o leitor cuidadoso, o quão completamente as concepções teosóficas modificam toda a visão de vida do homem, quando ele se convence totalmente delas; a direção de muitas dessas mudanças, e as razões em que se baseiam, foram abordadas anteriormente.

Da Teosofia ganhamos uma compreensão racional daquela vida que anteriormente foi, para muitos de nós, simplesmente um problema insolúvel, uma charada sem resposta. Por meio dela sabemos por que estamos aqui, o que se espera que façamos e como devemos agir para realizá-lo. Vemos que viver a vida por causa de quaisquer prazeres ou lucros pertencentes exclusivamente ao plano físico parece valer muito pouco a pena, e que, por outro lado, a vida vale muito a pena quando considerada simplesmente como uma escola para nos preparar para as glórias indescritíveis e as possibilidades infinitas dos planos mais elevados.

À luz da informação que adquirimos, vemos não apenas como evoluir, mas também como ajudar os outros a evoluir – como, pelo pensamento e pela ação, nos tornarmos mais úteis, primeiramente para o pequeno círculo daquelas pessoas mais associadas a nós, ou para aquelas a quem especialmente mais amamos, e depois, gradualmente, à medida que cresce nosso poder, para com toda a raça humana. Por meio de sentimentos e pensamentos como esses, somos inteiramente alçados a uma plataforma mais elevada, e vemos quão limitado e desprezível é o insignificante pensamento pessoal com o qual tanto nos ocupamos no passado. De modo inevitável, nós começamos a considerar tudo não meramente no que afeta nossos infinitesimais eus pessoais, mas de um ponto de vista mais amplo de sua influência sobre a humanidade como um todo.

Os vários problemas e sofrimentos que nos acometem são tão amiúde vistos fora de toda proporção porque estão próximos demais de nós; parecem obscurecer todo o horizonte, como um prato que seguramos perto demais dos olhos tampa o sol. Assim, muitas vezes esquecemos que "o coração do ser é o repouso celestial". Mas o ensino teosófico traz todas as coisas para a perspectiva correta e nos possibilita elevar-nos acima das nuvens, para podermos olhar para baixo e ver as coisas como são, e não meramente como parecem ser quando olhadas de baixo, com uma visão muito limitada. Aprendemos a submergir totalmente a personalidade inferior, com sua massa de ilusões e preconceitos e sua inabilidade para verdadeiramente ver o que quer que seja; aprendemos a nos elevar até uma plataforma impessoal e altruísta, onde fazer o correto pelo que é correto nos parece a regra única da vida, e ajudarmos o próximo, a maior de todas as nossas alegrias.

Pois é uma vida de alegria que agora se descortina diante de nós. À medida que o homem evolui, crescem sua simpatia e compaixão, de modo que ele se torna cada vez mais sensível ao pecado, à tristeza e ao sofrimento do mundo. Todavia, ao mesmo tempo ele enxerga com cada vez maior clareza a causa de todo sofrimento, e compreende cada vez com maior profundidade que, apesar de tudo, todas as coisas estão trabalhando em conjunto para o bem final de todos. Assim, chega até ele não apenas o profundo contentamento e absoluta segurança que nasce da certeza de que tudo está bem, mas também a alegria definitiva e radiante derivada da contemplação do magnífico plano do Logos, e do sucesso firme e seguro com o qual esse poderoso esquema se move em direção ao seu final designado. Ele aprende que Deus deseja que sejamos felizes, e que definitivamente é nosso dever sê-lo, para que possamos disseminar ao nosso redor vibrações de felicidade sobre os outros, uma vez ser este um dos métodos pelos quais podemos aliviar a dor do mundo.

Na vida comum, uma grande parte do aborrecimento que os homens sentem, associado aos seus vários problemas, geralmente é causado por um sentimento de que estes lhes são infligidos de maneira injusta. Um homem dirá: "Por que isso tem que acontecer comigo? Aí está meu vizinho, que não é de modo algum melhor do que eu, todavia ele não sofre de doenças, da perda de amigos, ou da perda de riqueza; então, por que eu?"

A Teosofia livra os seus estudantes desse equívoco, já que lhes torna absolutamente claro que nenhum sofrimento advém a qualquer tempo a quem não o mereça. Qualquer que seja a dificuldade que encontremos, é simplesmente da natureza de um débito que assumimos; já que tem de ser pago, quanto mais cedo o for melhor. E isso não é tudo, pois todo problema desse tipo é uma oportunidade de desenvolvimento. Se suportarmos o problema com paciência e bravura, não permitindo que o mesmo nos esmague, e sim encarando-o e agindo da melhor maneira possível, a partir daí desenvolvemos dentro de nós mesmos as valiosas qualidades de coragem, perseverança, determinação; e assim, a partir do resultado dos nossos pecados de outrora, nós colhemos o bem em vez do mal.

Como foi dito antes, todo o medo da morte é inteiramente removido do estudante teosófico porque ele compreende em profundidade o que é a morte. Ele não mais chora a morte daqueles que se foram antes dele, pois estes ainda estão presentes junto a ele; ele sabe que dar asas à dor egoísta seria causar tristeza e depressão a *essas pessoas*. Uma vez que elas estão tão próximas dele, e já que a simpatia entre eles é mais forte do que anteriormente, ele está bem ciente de que o seu pesar descontrolado irá com toda certeza refletir-se *nelas*.

Não que a Teosofia o aconselhe a esquecer os mortos; pelo contrário, encoraja-o a lembrar-se deles tanto quanto possível, porém jamais com dor egoísta, jamais com o desejo de trazê-los de volta à Terra, jamais com o pensamento de sua perda aparente, e tão somente com o pensamento do muito que alcançaram. Isso lhe assegura que um forte pensamento de amor será um potente fator na evolução deles, e que se ele tão somente pensar de maneira correta e razoável a respeito deles, poderá prestar-lhes maior assistência no seu progresso evolutivo.

Um estudo cuidadoso da vida do homem no período entre suas encarnações mostra quão pouco essa vida física representa para o todo. No caso do homem médio, educado e culto de qualquer uma das raças desenvolvidas, o período de uma vida – o que equivale a dizer um dia na vida real – equivaleria a cerca de mil e quinhentos anos. Desse período, talvez setenta ou oitenta anos seriam gastos na vida física, algo em torno de vinte ou trinta no plano astral, e todo o tempo restante no mundo celeste, que por isso é de longe a parte mais importante da existência do homem. Naturalmente essas proporções variam consideravelmente para diferentes tipos de homens, e quando nos pomos a considerar as almas mais jovens, menos evoluídas, descobrimos que essas proporções são totalmente modificadas, pois é bem provável que a vida astral seja muito mais longa e a vida celeste muito mais curta. No caso do selvagem, mal há o que se possa chamar vida celeste, porque ele ainda não desenvolveu dentro de si qualidades que possibilitam atingir aquela vida.

O conhecimento de todos esses fatos dá uma clareza e uma certeza às nossas antecipações do futuro que é um bem-vindo alívio da imprecisão e indecisão do pensamento comum sobre esses assuntos. Seria impossível para um teósofo ter quaisquer temores a respeito da sua "salvação", pois ele sabe que não há nada de que o homem tenha que ser salvo a não ser da sua própria ignorância, e ele consideraria a maior blasfêmia duvidar que a vontade do Logos será, com toda certeza, cumprida no caso de cada um dos seus filhos.

Ele não tem uma "vaga esperança", mas uma total certeza nascida de seu conhecimento da lei eterna. Ele não pode temer o futuro, porque ele conhece o futuro; assim, sua única aspiração é tornar-se digno de levar a cabo sua parte na poderosa obra da evolução. Pode ser que no momento haja muito pouca coisa que ele possa fazer; todavia, não há quem não possa fazer alguma coisa, exatamente onde esteja, no círculo à sua volta, não importa quão humilde possa ser.

Todo homem tem suas oportunidades, pois toda conexão é uma oportunidade. Cada pessoa com quem entramos em contato é uma alma que pode ser auxiliada – quer seja uma criança que nasceu na família, um amigo que venha a participar do nosso círculo, um criado que passa a fazer parte da casa – todo mundo fornece, de uma maneira ou de outra, uma oportunidade. Não se sugere por um instante sequer que deveríamos nos tornar um incômodo, impondo nossas opiniões e ideias a todo mundo com quem entremos em contato, como às vezes fazem alguns de nossos inábeis amigos religiosos; porém, deveríamos guardar uma atitude de contínua prontidão para auxiliar.

Realmente, deveríamos estar sempre desejosos de uma oportunidade para ajudar, seja com meios materiais, até onde os tenhamos ao nosso alcance, seja com o benefício do nosso conselho ou do nosso conhecimento, onde quer que estes sejam requisitados. Muitas vezes surgem casos nos quais nos é impossível o auxílio por palavras ou ações; mas jamais poderá haver um caso no qual o pensamento amigo e de ajuda não possa ser vertido, e ninguém que conheça o poder do pensamento terá dúvidas quanto ao resultado, muito embora ele possa não ser imediatamente visível no plano físico.

O estudante de Teosofia deveria ser distinguível do resto do mundo por sua alegria perene, sua intrépida coragem quando em dificuldades, e sua pronta simpatia e prestatividade. Certamente, apesar de sua alegria, ele é um daqueles que levam a vida a sério – aquele que compreende que há muita coisa para cada um fazer no mundo e que não há tempo a ser perdido. Ele verá a necessidade de obter perfeito controle de si mesmo e de seus vários veículos, pois só dessa maneira poderá estar totalmente preparado para auxiliar os outros quando a oportunidade surgir.

Ele irá se alinhar sempre ao lado do pensamento mais elevado e não do mais inferior, do mais nobre e não do mais ordinário; sua tolerância será perfeita, porque ele vê o bem em tudo. Ele deliberadamente adotará a visão otimista em tudo, em detrimento da pessimista, a visão da esperança e não do cinismo, porque ele sabe ser esta sempre e fundamentalmente a visão verdadeira – sendo o mal necessariamente a parte impermanente, uma vez que, no final, apenas o bem perdurará.

Assim, ele sempre procurará o bem em tudo, para que possa esforçar-se por fortalecê-lo; ele estará alerta pela obra da grande lei de evolução, para que possa alinhar-se a seu lado e contribuir com a sua minúscula corrente de força. Desse modo, esforçando-se sempre por ajudar e jamais atrapalhar, ele irá se tornar, em sua pequena esfera de influência, um dos poderes beneficentes da natureza; não importa de que modo humilde, não importa a que distância impensável, ele ainda é um colaborador junto a Deus – e essa é a mais alta honra e o maior privilégio que pode sobrevir à totalidade dos seres humanos.

A Teosofia e a Sociedade Teosófica

A Sociedade Teosófica, fundada em 1875, é uma corporação mundial cujo primeiro objetivo é a Fraternidade Universal, baseada na compreensão de que a vida, em todas as suas diversas formas, humana e não-humana, é indivisivelmente Una. A Sociedade não impõe quaisquer crenças a seus membros, que estão unidos numa busca comum da Verdade e pelo desejo de compreender o significado e o propósito da existência através do auto-engajamento no estudo, na reflexão, na pureza de vida e no serviço amoroso.

A Teosofia é a sabedoria subjacente a todas as religiões quando destituídas de acréscimos e superstições. Ela oferece uma filosofia que torna a vida inteligível e demonstra que a justiça e o amor guiam o cosmo. Os seus ensinamentos ajudam no desabrochar da natureza espiritual latente no ser humano, sem dependência ou medo.

A Sabedoria Antiga
Annie Besant

A Sabedoria Antiga, também chamada de Teosofia pelos neoplatônicos de Alexandria, a partir do Séc. III, é o corpo de verdades que forma a base de todas as religiões, e não pode ser reivindicado como posse exclusiva de nenhuma. Ela oferece uma filosofia que torna a vida inteligível, demonstrando que a justiça e o amor guiam a evolução. Coloca a morte em seu legítimo lugar como um incidente periódico numa vida infinita.

Muitos temas, tais como o plano físico, astral, mental, a reencarnação, o carma e a origem do Cosmo estão aqui amplamente desenvolvidos, trazendo esclarecimentos elucidativos e úteis para a vida de cada leitor.

Desta forma, o livro convida à reflexão na busca da sabedoria, não pela mera crença, mas pela investigação direta da verdade manifesta na Natureza e no homem.

A Vida Interna
C. W. Leadbeater

Escrito com base na profunda vivência espiritual do autor, o livro *A Vida Interna* tem sido útil – e atraente – para milhares de pessoas que buscam conhecer melhor a vida à luz da sabedoria eterna, e que seguem qualquer religião e filosofia, ou nenhuma delas em especial.

Baseado na transcrição de palestras e diálogos com estudantes de teosofia durante encontros informais na Índia no começo do século, este livro aborda temas variados e desafiantes como a vida após a morte, a consciência búdica, o nosso dever ético para com os animais, e a relação interna dos Mestres de Sabedoria com os discípulos e aspirantes ao discipulado. A importância duradoura do seu conteúdo tornou indispensável a sua publicação em língua portuguesa, o que ocorre só agora, mais de 80 anos depois da sua edição original.

Sempre em linguagem direta e coloquial, *A Vida Interna* percorre sua temática diversificada com precisão e ênfase e constitui uma das obras mais importantes de C.W. Leadbeater. Este pesquisador clarividente – um dos teosofistas mais notáveis do século 20 – oferece aqui ao leitor uma visão ampla, generosa e inspiradora do ser humano e do universo.

Mais informações sobre Teosofia e o caminho espiritual podem ser obtidas escrevendo para a Sociedade Teosófica no Brasil, no seguinte endereço: SGAS Quadra 603, conjunto E, s/nº – CEP 70.200-630 – Brasília-DF. O telefone é (61) 3226-0662. Também podem ser feitos contatos pelo e-mail: st@sociedadeosofica.org.br site: www.sociedadeteosofica.org.br